열린 대문 닫힌 대문

한두현 제21시집

열린 대문 닫힌 대문

한두현 제21시집

을지출판공사

■ 시인의 말

열린 대문 닫힌 대문

자손
있어야 가정 있고

가정
있어야 나라 있는데

요즘
문 닫는 가정 늘어나

언제
나라 문 닫힐지 걱정

먹거리
의료시설 빈약한 지난날

피눈물
조상 노력이 빚어 온 민족

어찌
이제 와 문 닫는단 말인가

대문
활짝 열어 자손 번창시켜야지

이보다
더 좋은 효도도 더 좋은 충성도 없어라

      2024년 초가을

              각공서재에서

              中里 한 두 현

차례

■ 시인의 말 · 4
■ 中里 한두현(韓斗鉉) 약력 · 220

제 1 부   대한민국 국민이여 빚을 갚자   邦

은갈치야 은갈치야 _ 14
인촌이 살아나야 호남이 큰다 _ 16
말로 짓는 악업 무서워 _ 18
하루 세 번 놀란 날 _ 20
포성으로 시작된 6.25 단상 _ 22
나라 걱정하는 심정의 시 _ 24
대한민국 국민이여 빚을 갚자 _ 26
8.15해방 생생한 기억 _ 28
어쩌다 전라북도 너마저 _ 30
판검사 별건가 인간쓰레기 청소자 _ 32

Contents

제2부 열린 대문 복 들어가는 소리

근로자의 날 단상 _ 36
말석의 여유로움 _ 38
오피스텔 지하주차장 단상 _ 40
즐기는 산책길 _ 42
어느 노파 이야기 _ 44
고목나무에 꽃 핀 날 _ 46
오얏카츠 맛집 _ 48
주며 살아가는 복 _ 50
아쉬운 전동 칫솔과의 이별 _ 52
전생에 싸움닭이었나 _ 54
문 닫히는 집 애처로워 _ 56
내 손에 들어온 합죽선 _ 58
하나 울음소리 열 웃음소리 _ 60
아주 멋지시네요 _ 62
동물의 자기 영역 표시 _ 64
인생 사다리 건네는 심정 _ 66
우리의 보석 족보문화 길이실이 _ 68

Contents

봉송封送의 추억 _ 70
바퀴벌레 박멸이냐 공생이냐 _ 72
인생 사다리 건넨 흐뭇함 _ 74
열린 대문 복 들어가는 소리 _ 76
닫힌 대문 긴 한숨 새는 소리 _ 78
詩 쓰는 창작 즐거워 _ 80

제 3 부 세상에 태어나지 못했을 아이 여덟   삶

야생을 그리는 몸의 DNA _ 84
오르고 싶은 산봉우리 3개 _ 86
유난히 백百을 즐기는 인생 _ 88
아침밥 퍼 넣고 퍼 넣으며 _ 90
이래서 야호 저래서 야호 _ 92
어려운 과제 풀린 날 _ 94
말 안 듣는 체중 _ 96
방긋 웃는 세수수건이 좋아 _ 98
해마다 줄어드는 행동반경 _ 100
세상에 태어나지 못했을 아이 여덟 _ 102

Contents

맛의 추억 하마마쓰 우나기덮밥 _ 104
100세에도 운전 _ 106
비지 키 _ 108
돌대가리 덕 본 날 _ 110

제4부 처음 그려 본 초상화 人

글쓰기 삼매경 _ 112
뿌리·풍토 인물론 임숙재 총장 _ 114
영원하리 노숲 한씨 _ 116
세상에 이런 일이 _ 118
언제부터 신라호텔 황제 _ 120
처음 그려 본 초상화 _ 122
위기의식은 좋은 거 _ 124
안개 속으로 사라진 친구여 _ 126
떠날 때는 손 한 번 _ 128
나사 풀릴 대로 풀린 인류 _ 130
한 방울의 기름 한 권의 시집 _ 132
설마 설마 했는데 박영수 _ 134

Contents

준수한 청년의 인사 _ 136
삼 모녀 수다방 간 아내 _ 138
점심 한 끼도 인연이라 _ 140
떠나간 계모 설움 친구 _ 142
책의 인연 교동초 보안관 _ 144
어느 연인들 이야기 _ 146

제 5 부 人體는 아직 神의 영역   道

갚아도 갚아도 남는 빚 _ 148
떠난 뒤 남는 그림 _ 150
임금 인하 투쟁하는 몸 노총 _ 152
고등어구이 밥상 _ 154
하루 잘살면 하루 더 산다 _ 156
마이my 헝그리hungry _ 158
불능不能이 차고 넘친다 해도 _ 160
하루 한 끼 먹더라도 포식은 NO _ 162
살맛 나는 재미난 인생 _ 164
이러다 신선이 되려나 _ 166

Contents

인생이란 벽돌탑 쌓기 _ 168
걸작의 인생 벽돌탑 쌓으려면 _ 170
늙어 가며 깊어 가는 즐거움 _ 172
도솔천에서 사바세계 바라보듯 _ 174
생전 처음 해 본 설거지 _ 176
애완동물 기르고 싶거들랑 _ 178
아침 예불 소리 출근길 _ 180
빈자리 복 _ 182
이생은 내생의 거울 _ 184
세면대장 속 쭈구렁탱이 _ 186
人體는 아직 神의 영역 _ 188
텅 빈손 가을맞이 _ 190
가차 없는 채찍 _ 192

제6부   비의 마음 엄마 마음   然

여름에 느끼는 가을의 맛 _ 196
부처님 오신 날 풍경 _ 198
비의 마음 엄마 마음 _ 200

Contents

아유 시원해 맞바람 _ 202
하늘 그늘 드리운 날 _ 204
비 오는 날의 여유로움 _ 206
틈새의 짜릿한 맛 _ 208
지구촌 암행어사 태풍 _ 210
울다 웃는 칠석다운 날 _ 212
처서에 무릎 꿇은 폭염 _ 214
추적추적 비 내리는 날 _ 216
더없이 좋은 산책 날씨 _ 218

제 1 부

대한민국 국민이여 빚을 갚자

邦

은갈치야 은갈치야

어찌나
큰지 이무기 닮은 너

어쩌다
낚싯밥을 덥석 물었더냐

86운동권 닮아
제 세상 만났다 날뛰었더냐

조국 닮아
자식 입시 서류위조 벌렸더냐

이재명 닮아
대장동 우도 비리라도 저질렀더냐

송영길 닮아
돈봉투 뿌려 선거부정 저질렀더냐

김남국 닮아
자나 깨나 코인 투기 몰두하였더냐

386 · 486 · 586그룹
잘 넘기고 686그룹 되어 승천해야지

용도 못되고
이무기 신세로 잡혀 내 밥상에 오르다니

2023. 5. 14

인촌이 살아나야 호남이 큰다

인촌 김성수 부통령
왜정 때 많고 많은 일을 했지

인재양성을 위해 교육사업: 중앙 · 보성전문
민족자본 육성을 위해 산업사업: 경성방직
민족의식 고취를 위해 언론사업: 동아일보

해방 후에도 많고 많은 일을 했지

송진우 백관수
김병로 김준연과 함께 대한민국 건국

한민당 창당 부통령
이승만 대통령 토지개혁 협조 성사

그런데 일제 말기
사업 살리기 위해 친일 8년 한 게 흠

말이야 바로 말이지
해외로 망명하지 않은 자는 몽땅 친일파지

문재인 아버지 문용형은
일제 때 보통문관시험 합격 농업 계장한 친일파인데

그 아들 문재인이가
과만 있는 제 아버지는 빼고 공칠과삼의 인촌은 친일파로 몰다니

2023. 5. 17

말로 짓는 악업 무서워

말 한마디가
천 냥 빚을 갚기도 하고

말 한마디가
천 년 한을 품게도 한다

악업 10가지 중
몸으로 짓는 신업이 셋이요

마음으로 짓는 의업도 셋인데
입으로 짓는 구업이 제일 많아 넷이라

날이면 날마다
뚫어진 입으로 쉽게 쉽게 떠들다 보면

어지간히 입조심
하지 않고서는 지옥에 떨어지고 말리라

특히 요즘 정치권
입만 열면 거짓말에 사기 치는 말이다 보니

보기 싫은 정치인
저승에 가 또 안 보려면 부디 지옥은 피하시라

2023. 5. 24

하루 세 번 놀란 날

이래경

천안함은 자폭 사건
코로나 진원지는 미국
우크라이나 전쟁은 푸틴이 아닌 젤렌스키 작품

나이가
젊다면 말도 안 해 일흔 살이 되는 놈이

이 땅에
뻐젓이 살고 있다는 것에 첫 번째 놀라고

이런 놈을
이재명이 더민주당 혁신위원장에 임명한 데 두 번째 놀라고

9시간 만에

그 자리를 그만두니 이재명보다는 낫다는데 세 번째 놀랐다

                                  2023. 6. 5

포성으로 시작된 6.25 단상

1950. 6. 25
모를 심고 있는데

쿵 쿵 쿵
멀리서 들려오는 포성

보도연맹
김 단임의 입가엔 미소

갑자기
몰려온 인공시대 살벌해

날마다
하늘 쳐다보며 쌕쌕이 기다리다가

뒷동산에 올라
쿵 쿵 쿵 인천 함포사격 소리에 짝짝짝

그런데
날 귀여워해 주던 이웃집 아저씨는 침울

1.4 후퇴
피난 생활 굶기를 밥 먹듯 하다 들어오니

집은 불타고
잿더미 위에 농사꾼이 된 나 홀로 설 수밖에

멋도 모르고
한 번은 했다만 다시는 생각도 하기 싫은 생지옥

2023. 6. 20

나라 걱정하는 심정의 시

사는 집
불타면 돈을 잃지만

사는 나라
불타면 목숨을 잃는다

혹자
정치 얘기 시는 싫어하지만

호시탐탐
노리는 적이 있고 전선이 있는데

어찌
하루인들 나라 걱정 안 할 수 있으랴

그래서
내 시집 첫머리는 정치 얘기로 시작한다

문제는
이 나라에서 호의호식하며 편안히 살면서

우리 대한민국
정체성을 부정하고 적의 편을 드는 이가 많다는 사실

그렇다 해도
이 나라가 불타면 자기도 타죽는다는 걸 모른다는
건지

2023. 6. 21

대한민국 국민이여 빚을 갚자

짐승도
은혜를 알고 갚거늘

어찌
인간이 은혜를 몰라서야

우리 대한민국
이승만 아니었으면 현재 있을까

어느 누가
이승만 만큼 독립투쟁을 했던가

북한 김일성
정권 세우자 남한 단독정부 세웠지

6.25 남침하자
서둘러 미국에 요청 유엔군 불러들였지

휴전협정
진행되자 한미상호방위조약 이끌어 냈지

이승만 아니었으면
우리는 벌써 김씨 왕조 밑에서 굶주렸을 몸

대한민국 국민이여
이승만의 은혜 잊지 말고 꼭 갚고 또 갚아야지

2023. 6. 29

8.15해방 생생한 기억

78년 전
1945. 8. 15 해방의 날

라디오
한 대도 없던 시골 마을

일본 천황
항복의 소식은 쏜살같아

어둑어둑
해 지자 타동 꽹과리 패

나타나
병적 계장 배급 계장 집

우 장 장 창
가재도구 끌어내어 박살

날 살려라
병적 계장 집은 야반도주

잠 설친
다음 날 갈 필요 없다는 학교

눈으로 확인차
정적만이 감도는 교정 밟던 생생한 기억

2023. 8. 15

어쩌다 전라북도 너마저

500년
조선왕조 발상지

전주
품은 전라북도 네가

새만금 잼버리
140여 개국 4만 3천 손님

초대해 놓고
준비 그리도 소홀히 했더냐

잘 먹이고
잘 재우고 잘 싸게 하는 게

손님 접대
기본 중 기본인데 하나도 안돼

어머니 할머니
전주 이씨라 축문 지방 쓰느라

일 년이면
全州 수십 번 쓰다 정들었는데

김성수 부통령
김병로 초대 대법원장의 전라북도 너마저

염불에는 마음이 없고
젯밥에만 마음이 있다는 소리 들어도 싸지

2023. 8. 17

판검사 별건가 인간쓰레기 청소자

검사
인간쓰레기 수거자

판사
인간쓰레기 분류자

자기들이
대단한 줄 착각해

가끔
아주 큰일을 저지른다

이○○ 쓰레기
구린내 넘어 독가스 펄펄

온 나라
숨쉬기조차 어려운 지경

쓰레기 수거자
알뜰살뜰 거두어 갔는데

유○○ 분류자
풀어 준 거야 국민 생각 없이

선량한 국민
언제까지 코를 막고 살아야 할지

                        2023. 9. 28

제 2 부

열린 대문 복 들어가는 소리

會

근로자의 날 단상

늘
붐비던 식당

어허
손님은 나 홀로

아
근로자의 날이구먼

계산하며
"오늘 사장은 쉬시네요"

"네!
오늘 쉬시는 모양입니다"

"근로자의 날
아니라 사장의 날인 것 같네요"

나오며 다시 생각
아니지 사장 생돈으로 일당 주고

근로자
슬슬 놀며 돈 버니 근로자의 날 맞지 맞아

2023. 5. 1

말석의 여유로움

썩
마음 내키지 않는 초대

요즘
회혼례 잔치 알아보고파

참석
했는데 말석 중의 말석이라

열 명씩
둥근 테이블 네 개 중 문 앞

거기다
열 명 중 맨 마지막 자리라

어려선
아기 호주라 가장 대접받고

학창 회사 시절
늘 수석이라 상좌에 올랐는데

어쩌다
이 나이에 불청객도 아닌 초대 손님이

좋긴 좋더라
누구의 시선도 느끼지 않는 여유로운 자리라

2023. 5. 28

오피스텔 지하주차장 단상

청소
너무너무 열심히 해

365일
이렇게 깨끗한 곳 못 봐

한 가지
문제는 장기 주차자의 매너

일주일
말도 안 해 몇 달 일 년씩

한자리에
콕 박아 놓으려면 한적한 곳

대기도 불편
빼기도 불편한 장소에 놓아야지

로얄석
차지하는 심보는 어디서 왔는지

일 년 내내
꼼짝 안 해 은근히 걱정되던 차

어린이날
빼낸 걸 보니 어린이 말은 잘 듣는 듯

                                      2023. 5. 5

즐기는 산책길

오늘도
여섯 명과 인사 나눈

산책길
어찌 즐겁지 않으리

하루 중
가장 좋은 시간 택해

나가면
상쾌한 바람 반겨 주고

어디
바람뿐이랴 웃는 얼굴도

여기저기
어딜 가도 아는 이 만나

어쩌다
유명인이 된 듯한 느낌이라

좋긴 좋지만
아무리 급해도 노상 방뇨 금물

차라리
바짓가랑이를 적시면 적셨지

       2023. 6. 7

어느 노파 이야기

어느 종교
중책 맡았던 노파

나이 들어
밀려나니 우울증이라

중병이
되더니만 회복 불능

기어이
마지막 길을 갔다니

무슨
종교인지 밝히진 않지만

애석해
무신론자라도 좋아할 자유거늘

어찌
덩실덩실 춤은 못 출망정 득병이라

헛되이
믿었나 헛되이 살았나 알 길 없으나

늙은 나이
먹을 것에 건강하다면 무에 부러우리

2023. 6. 14

고목나무에 꽃 핀 날

운현궁 앞
어느 노인 묻는다

한 자리
하시던 분 맞으시죠

연세는요
늘 뵙는데 궁금했습니다

노인정에
왔다가 운현궁 모래가 좋아

자주 들러
걷는다는 나보다 좀 어린 친구

젊어서야
멋지다는 말 수없이 들었지만

늙어가며
추하지 않게 보이려 무진 애쓰는데

아무튼
당당한 기백 느끼게 된다는 말이라

오래 살고
볼 일이야 고목에도 꽃 피는 날 있으리니

2023. 6. 17

오얏카츠 맛집

가 봐야지
하면서도 혼자라서

먹어 봐야지
하면서도 줄 서기 싫어

벼르고 벼르다
마침 용인 친구가 와

토요일이라
줄도 안 서고 들어온

조계사 맞은편
개업한 오얏카츠 맛집

하루
10인분밖에 안 만든다는

특등심 돈카츠
역시 맛이 좋아 허겁지겁

일식이다 보니
미소시루도 맛나고 가라아게까지

오랜만에
멀리서 온 친구 덕 톡톡히 본 하루

                              2023. 6. 24

주며 살아가는 복

난
주는 큰 복을 타고 났다

남에게
무엇을 준다는 건 어려운 일

그런데
일 년에 수백 명에게 주며 산다

특별바람 없고
서로 인사나 나누는 소통일 뿐이지만

줄 물건
이렇게 만들 수 있다는 데 보람 느끼고

만든 물건
공들여 나누어 주는 데 희열을 맛본다

목숨이
다하는 날까지 주고 줄 수 있길 바란다면

너무 너무나
크나큰 주는 복 탐내는 게 될지 모르지만

귀엽게 봐주길
"늙어 오죽 할 일이 없으면 저럴까?" 이해하며

                                          2023. 7. 6

아쉬운 전동 칫솔과의 이별

PHILIPS
유명 메이커 전동 칫솔

칫솔 재고
바다나 전문점에 갔더니

이게 뭐람
몸통에 맞는 칫솔 없는 거야

20여 년
사용했어도 경운기 급 아니라

아직 쓸 만한
녀석 이별해야 한다니 아쉬워

날 원망 말지어다
하려면 너를 만들어 준 네 부모나

아무리 신형
팔고 싶기로서니 고만고만한 놈

값만 높이 올려
놓고 새로 사야만 하도록 하다니

몸통 칫솔 호환성
일부러 없애 이별시킨 악업 어쩌려고

2023. 7. 16

전생에 싸움닭이었나

어릴 적
힘센 수탉 한 마리 있어

싸움 잘하라
매운 고추장 밥 주었더니

어찌나 싸움
잘하는지 동네 챔피언이라

오늘 아침
콘크리트 벽 드릴질 하다

땀 흠뻑 흘려
탈진 상태라 매운 마라탕

한 사발
먹었더니 언제 그랬냐는 듯

기운이 번쩍
전생에 싸움닭 아니고서야

그뿐이랴 싸움
붙었다 하면 끝장 보는 성격까지

2023. 7. 7

문 닫히는 집 애처로워

문이
닫힌다 이 집 저 집

희망이
사라진다 여기저기

과거 현재만
존재하고 미래가 없는 집

권력이
있다 한들 돈이 있다 한들

무슨 소용
내일이 없는 절망의 집엔

권력이
없다 해도 돈이 없다 해도

자손만
있다면 미래의 희망이 존재

인류가
너무 오만에 빠져 있음이야

이렇게
쉽게 문을 닫아 폐가를 만들다니

2023. 7. 29

내 손에 들어온 합죽선

부채
손에 들어 본 일 없는 나

어쩌다
이리도 고가의 합죽선을

한 가지
하도 더워 햇빛 가리개로

다른 한 가지
요즘 묻지 마 범죄 세상이라

마디가
열여섯이나 되는 고급 대나무

길이
한 자 반 40개의 부챗살로 된

시중
가장 고가의 합죽선 손안에 넣으니

한 손
청려장 지팡이 다른 손 강력 합죽선

어느 망나니
공격해 온다 해도 능히 막아낼 듯한 자신감

2023. 8. 3

하나 울음소리 열 웃음소리

새로운
탄생 울음소리

열의
웃음소리 이끈다

아빠 엄마
할아버지 할머니

소아과
산부인과 선생님

유치원
초중고등 선생님

이뿐이랴
사회 국가의 웃음소리

사교육 명품
인간도 행복도 만들지 못한다

낳는 것보다
더 남는 장사 이 세상에 없다

무엇을
망설이는 거야 젊어서 **빨리빨리**

                              2023. 8. 14

아주 멋지시네요

폭염
토요일 오전 11시경

돈화문
황칠 삼계탕 먹으러

송해길
막 접어드는데 한 신사

길 막고
올해 연세가 몇이신가요

딱 보니
내 또래라 아직 젊습니다

하니
뜬금없이 참 멋지시네요

늘 하얀 셔츠
빨간 넥타이 내 차림에

보는 이
반응이 궁금했는데 의외라

한 손 청려장
한 손 큰 합죽선이 멋있었겠지

2023. 8. 19

동물의 자기 영역 표시

많은
동물은 냄새로

자기
영역 표시를 한다

인간은
무엇으로 할까 궁금

당연히
등기부 등본으로 하지

곰곰이
기억을 더듬어 보니 난

흙수저로 태어나
넓고 넓은 영역 표시를 해 왔다

고향 원주시를 비롯
서울시 강북구 강동구 송파구
부산시 상주시 인천시 화성시 등

어느 누구도
영역 표시에 맞서려 하지 않을 만큼

2023. 8. 25

인생 사다리 건네는 심정

산책길
노점상 지날 때면

내
젊은 날 보는 것 같아

인생 사다리
건네는 심정으로 책 한 권

개천에서 용
하루아침에 나긴 어렵지만

배우자 선택
잘해 태교부터 정성 다하면

용이 날
방안 구체적으로 수록한 책

아무리
좋은 방안이라도 실행해야 결실

100명 중 한 명
이라도 인생 사다리 타는 이 있길

간절한 심정 되어
어제도 오늘도 건네고 또 건넨다

2023. 9. 4

우리의 보석 족보문화 길이길이

놀란다
어느 나라 어느 민족도

우리 족보
상세한 뿌리 기록 독보적

보석 족보
길이길이 보존 발전시킨다면

저출산 문제
술술술 미래 걱정 없어지지

범법 행위
눈에 띄게 줄어 선진 사회 성큼

저질 정치
뿌리 있는 자손이면 어찌 감히

굶는 영령
없어지니 온 나라가 평온하리라

족보문화
하나만 길이길이 보존한다 해도

어려운 문제
엉킨 실타래 풀리듯 술술 풀리리

2023. 9. 9

봉송封送의 추억

음식
귀하던 어린 시절

큰 제사
있는 날이면 기다렸지

목
빠지게 봉송 도착하길

내
비록 어린 호주라 해도

큰댁
할아버지와 대등한 대접

뿌듯한
기분 그게 더 좋았던 모양

아무리
한 자 넘게 차린 제상이라도

여러 집
나누어 싸다 보면 한 개도 반쪽도

누나와 나
잘 드는 칼로 정확히 나누어 반반씩

          2023. 9. 30

바퀴벌레 박멸이냐 공생이냐

오피스텔
바퀴벌레와의 전쟁

아무래도
지고 있는 기분이다

아무리
약을 겹겹이 놓아도

여봐란 듯이
나타나 쌩쌩 달린다

핵전쟁으로
인류가 전멸한다 해도

녀석들은
살아남을 생존력 강한 놈

3억 5천만의 역사
우리 인류보다 100배는 더 먼저 존재

공생하자
남의 땅에 들어와 주인 내쫓으려 말고

박멸은 꿈에 불과
삶에 직접 개개지 않을 정도로만 몰아내며

           2023. 10. 1

인생 사다리 건넨 흐뭇함

30대 초반
미혼 딸 하나 둔

호텔
주차정리자 볼 때마다

훌륭한
외손자 낳아 잘 길렀으면

얼마나
뿌듯할까 싶어 궁리궁리 끝

인생 사다리 책
한 권 건네며 딸에 숙독시켜

배우자
선택부터 태교 무릎 위 교육까지

착실히
실행에 옮기면 좋은 결과 있으리라

설명과 함께
부디부디 대대로 약진 약진 이루길

간절히
바라면서 책 한 권 건넨 기분 흐뭇해

2023. 10. 2

열린 대문 복 들어가는 소리

왁자지껄
아이들 떠드는 소리

대문 문지방
닳도록 드나드는 소리

얼마 전
시집온 배불뚝이 며느리

잘도 낳았네
대 이을 떡두꺼비 손자

백일잔치
엊그제 같은데 벌써 돌잔치

머지않아
초중고대학 마치고 취직해

잔치 벌어지리
새색시 들어왔다고 온 동리

빤짝빤짝
빛나는 옷깃에 닳은 문지방

캄캄한 그믐밤에도
서광 비친다 열린 대문 집

                                            2023. 10. 25

닫힌 대문 긴 한숨 새는 소리

어쩌다
내 대에 와서 끊긴다냐

아이가
없으니 웃을 일도 적네

꼬박꼬박
지내던 조상 제사 없애야지

벌초 성묘
조상 산소 파 뿌려 버려야지

고이고이
모셔 오던 족보는 어찌한담

버릴 수도
없으니 불에 태워 버려야지

조상 대대로
내려오던 손때 묻은 가보

물려줄 자손
없으니 아까워라 아쉬워라

인간으로
다시 태어난다면 대부터 이으리라

2023. 10. 26

詩 쓰는 창작 즐거워

창작
쌨고 쌨지만

나이 들수록
시 창작 으뜸 중 으뜸

서예
먹 갈아야지 힘들여 써야지

그림
물감에 붓질 번잡 떨어야지

조각
재료 도구에 손 떨지 말아야지

시 쓰기
종이 연필이나 컴퓨터 하나만 OK

전파 보관
음성 전화나 메시지나 책이나 쉽지

머리 하나만
잘 돌아가면 숨이 넘어가기 직전까지도

창작 작업
가능하니 이보다 더 좋은 일 어디 있으랴

2023. 2. 26

제 3 부

세상에 태어나지 못했을 아이 여덟

삶

야생을 그리는 몸의 DNA

우리 몸
아직 야생이 그리워

호모사피엔스
진화의 99.9%가 들판

억수 같은 비
맞아 보면 안다 편안함

쌀쌀한 바람
몸을 맡겨 보라 상쾌함

몸의 활력소
방구석이 아닌 밖이 답

햇빛 · 공기
볼거리 · 먹거리
느낄 거리 · 들을 거리
맡을 거리 · 사귈 거리

시샘도 시기도
질투도 배신도 없는 자연

고령사회
건강하게 오래 살려면 밖이 답

                                  2023. 4. 30

오르고 싶은 산봉우리 3개

山
눈앞에 나타나면

정상
정복의 욕망 솟구쳐

85세
초고령자 봉우리 오르니

첫째 100세
백수자百壽者 봉우리가 손짓

둘째 105세
초백수자超百壽者 봉우리가 또

셋째 110세
초장수인超長壽人 봉우리가 또또

올라보세 올라보세
오르고 또 오르면 못 오르리 있으랴

우리 집안 수명선수
인정받은 지 오래인데 산봉우리 뭐 대수라고

정복하리 정복하리
백수자 峰·초백수자 峰·초장수인 峰 차례차례

2023. 5. 3

유난히 백百을 즐기는 인생

태어나
백일百日 되어 백일잔치

학교에선
시험 보는 족족 백점百點수석

결혼하면
백년가약百年佳約 맺어 지키고

사회에선
백인백색百人百色의 인간 만나

겨루어
백전백승百戰百勝을 거두고 나서

은퇴하면
백전노장百戰老將의 경험을 살려

화목한 가정
이끌어 백년해로百年偕老 이루어

고령화 사회인답게
백세자百歲者 초백세자超百歲者를 향해

뚜벅뚜벅 걷는데
딸이 보낸 백百송이 장미가 함빡 웃는다

                                        2023. 5. 6

아침밥 퍼 넣고 퍼 넣으며

4:30 기상
체온 혈압 체크

아내 방
달려가 혈압 체크 체중

부랴부랴
양치질 세수 체중 내복 양말 넥타이

5:30 식당
9첩반상에 여주차 홍삼차 사과 커피

퍼 넣고 넣어야
이 닦고 옷 입고 10분 전 운전대 잡아

뻥 뚫린 길
쌩쌩 달리며 늘 부모님 감사 감사합니다

오장육부
얼마나 튼튼하게 만들어 주셨으면 이리도

씹지도 않고
퍼 넣고 퍼 넣어도 소화가 어찌나 잘 되는지

86세 나이
물려주신 이빨 단 하나도 빼지 않았으니 말입니다

                                            2023. 5. 10

이래서 야호 저래서 야호

초고령자
되고 나니 바람처럼

그물에
걸릴 것은 사라지고

야호 야호
외칠 일만 수두룩하구나

아침 새벽
운전대 잡고 달리니 야호

기다리던
전화 제때에 걸려 오니 야호

아내에 건 전화
쌩쌩한 목소리로 받으니 야호

문득문득
싱싱한 시상 떠올라 쓰니 야호

산책하다
만나는 사람 친절히 인사하니 야호

이 식당 저 식당
번갈아 찾아 이 음식 저 음식 먹으니 야호

2023. 5. 29

어려운 과제 풀린 날

패혈증
후유증이 가져온

봉와직염
발목 염증 일으켜

오른쪽
발목뼈 수술했으나

가벼운
통증 그치지 않아

일제 동전 파스로
겨우겨우 지탱하던 중

동전 파스
일제가 품절이라 유한양행제

시험했더니
약효 떨어져 도지고 말았어

부랴부랴
일제로 다시 바꿔 썼더니만

어렵게 어렵게
풀려 오늘 찔뚝찔뚝 산책했지

2023. 5. 31

말 안 듣는 체중

아침 체중
오버 no lunch면

다음날
반드시 계체량 합격

공식이
요즘 몇 차례 안 맞아

아무래도
체중이 반기를 드는 듯

내버려
두었다간 다른 녀석들도

만만히 보고
반란이라도 일으킨다면

호미로 막을 일
가래로도 못 막는 일 벌어지리

오늘은
엄하게 영을 세워 견책하리라

그간
태평성대에 젖어 긴장이 풀렸나 보다

2023. 6. 22

방긋 웃는 세수수건이 좋아

하얀
타일의 욕실에서

아침저녁
반겨 주는 세수수건

해맑은
웃음이 좋아 하얀색 바탕

귀퉁이
쪼꼬만 빨간색 꽃이 자수 된

어렵게 어렵게
큰딸이 골라 보낸 귀여운 녀석

20여 년 사용한
연분홍 바탕에 수놓은 수건 낡아

진분홍 바탕
수건은 입원할 때마다 함께라 싫고

하는 수 없어
오랜만에 정든 녀석 이별할 수밖에

수건 하나에도
기쁜 추억 슬픈 추억 깃드니 인간이야

2023. 7. 14

해마다 줄어드는 행동반경

해마다
비행기 타고 해외여행

하던 때가
엊그제같이 눈에 선한데

지난 일 년
동안 비행기는커녕 KTX도

여름이면
그 좋아하는 콩국수 먹으러

남대문까지
잘도 걸어 다녔는데 엄두가 안 나

고령자 돈
뜯어 먹으려면 답답이 주차장 완비를

다행인 건
해마다 보내는 시집의 행동반경 유지라

그뿐이랴
줄어들 줄 모르는 상상의 날개반경 대견

오늘도
줄어드는 행동반경 채우느라 상상반경 늘려 본다

2023. 7. 25

세상에 태어나지 못했을 아이 여덟

12년 전
패혈증으로 떠났다면

세상에
태어나지 못했을 아이들

○ 강북 수유 숭조빌딩에 설치한 호랑이의 박물관

○ 원주 부론 노림 무상골에 조성한 한두현 신정현 의 가묘 및 비석

○ 원주 부론 노림 무상골 가묘 밑에 조성한 2,000평 연못과 중리정

○ 원주 부론 노림 청주 한씨 중의 한씨 노숲 한씨 못자리터에 건립한 팔방불10층 석탑과 1왕후 3정승 6판서 비석

○ 청주 한씨 중리공파 종친회 창립
  무상골 가루개 선산 및 영동빌딩 증여

○ 시전집 2권을 비롯 1,200수의 12권 시집 발간
  500권씩 배포

○ 숭조빌딩 5층에 부모님 사당 자리 마련

○ 강북 우이 솔밭 인근 공기 좋고 널찍한 북한산
  노블리스빌 취득

오래 살고 볼 일
그때 훌쩍 가 버렸다면 저 아이들 태어나지 못해 땅
을 쳤으리

2023. 9. 6

맛의 추억 하마마쓰 우나기덮밥

맛의 추억
헤아릴 수 없이 많지만

부슬부슬
비가 내리는 이맘때면

딱 55년 전
일본 하마마쓰 해외 연수 가

얻어먹던
우나기덮밥 생각 굴뚝 같아

이도쯔상사
직원 안내 다이와센꼬 가는 길

사 준 사람
얼굴도 이름도 기억 삼삼한데

기막힌
맛의 추억 너무나 생생하다니

나도 모른다
비싼 고급 음식도 아닌데 이다지도

두고두고
곱씹으며 이유를 캐내야 할 일이야

오늘 종로
비슷한 맛 내는 곳 찾아 추억을 삼켰다

                              2023. 9. 27

100세에도 운전

며칠 전
점심 하러 가다

넘어져
얼굴이 묵사발

운전이
더욱 돋보인다

걷다가
대여섯 차례 낙상했어도

운전 중엔
단 한 번의 쓰러짐 없어라

빠르지
안전하지
상쾌하지

고령화 사회
주차 시설 완비가 사업의 핵심

2023. 10. 16

비지 키

한참 자랄
시기에 영양 결핍

못 크던 키
비지 먹는 바람

자랐으니
내 키는 비지 키

먹게 된
동기 폐결핵 치료

영양 보충
비지에 정육점 기름 덩이

우리 나이
스무 살에 어찌나 잘 크는지

체육 시간마다
키다리 쪽으로 옮기고 옮겨

고마워
비지여 고마워 폐결핵이여

그대 덕에
한평생 내려다보고 살았노라

2023. 10. 21

돌대가리 덕 본 날

내
머리 돌대가리일까

늘
궁금하던 차 어지럼증

에라
모르겠다 시멘트 헤딩

아
이게 웬일 머리는 멀쩡

돌대가리
이길 망정이지 찰과상뿐

2023. 10. 15

제 4 부

처음 그려 본 초상화

人

글쓰기 삼매경

누가
쓰라고 등 떠민 것도 아닌

내가
쓰겠다고 작심한 것일 뿐이지만

직접
겪은 일도 아니니 자료 부족이라

자나 깨나
앉으나 서나 오직 써야 한다는 생각

봄이
왔는지 갔는지 꽃이 피었는지 졌는지

60대에야
글쓰기 삼매 조각 삼매에 들었었다지만

90 바라보는 나이
겁도 없이 못 빠져나오면 어쩌려고 만행

천만다행
삼매경 좋긴 좋더라 글도 쓰고 기분도 좋아

함부로 덤비지 말라
목숨 건 참선 삼매로 도를 이루려면 몰라도

2023. 4. 27

뿌리·풍토 인물론 임숙재 총장

1881년 예산 출신 임숙재

17세 결혼 19세 청상과부

당시 양반이라 개가 못 할 처지

무작정 상경 식당 설거지 가정부

야학 숙명여학교 최우수 장학생

26세 숙명여학교의 일본 유학생

30세 일본 도쿄사범대학 졸업 모교 교사

해방되던 해 숙명여자전문대학 승격 학장

1955년 숙명여자대학교 세우고 초대 총장

임숙재(任淑宰, 1891~1961)
풍천 임씨 27세손이란 튼튼한 뿌리가 있었다

태어난 곳
차령산맥의 꽃술에 해당하는 충남 예산 풍토였다

누구나
노력하면 성공이야 이루겠지만 큰 성공은 뿌리 · 풍토 중요

2023. 5. 4

영원하리 노숲 한씨

하마터면
역사의 뒤안길로 사라질 뻔한

청주 한씨 중의 한씨 노숲 한씨
노론 세상에 살아남은 남인의 기둥

서애 유성룡 집안도
오리 이원익 집안도
미수 허목　집안도
번암 채제공 집안도
다산 정약용 집안도 해 내지 못한 일

구암 한백겸
유천 한준겸 형제의 노숲 한씨 마을이 이룩한 쾌거

내 어렸을 때만 해도
길 가다가 사람 만나 인사할 때 노숲에 사는 한이
라면

아 그러세요
깜짝 놀라는 표정을 지으며 응대를 할 만큼 유명했지

못자리 터에 10층 석탑
문막 인터체인지 지나 서울 방향 8km 지점에 세운 간판

선명도 하여라
조상이 이루어 놓은 훌륭한 역사 길이길이 남으리 남으리라

2023. 5. 18

세상에 이런 일이

안국역
네거리 건널목

남보다
한 발 일찍 출발

부랴부랴
신호 바뀔세라 건너는데

중간쯤 지점에
앞서가던 30대 여성 돌아서서

천천히
저와 함께 걸으시죠 하며 옆에 서서

찔뚝찔뚝
내 걸음에 맞추어 걸어 주는 게 아닌가

처음엔 당황
나중엔 고마워 "감사합니다"를 연발했다

이 나이가
되도록 이런 도움을 준다는 걸 상상도 못해

뉴스만 틀면 나쁜 짓
하는 얘기지만 우리 국민 믿을 만하다는 생각

2023. 5. 19

언제부터 신라호텔 황제

하나를
보면 열을 안다고

모든 게
신라호텔 위주의 느낌

시장경제
옹호론자인 내가 이럴진대

그러니
재벌 욕 억수로 먹이는 꼴

오너여
돈도 좋지만 현장 둘러보렴

발레파킹
only로 하려면 서비스로 하던지

서비스료
받으려면 적당히 받아야지 그게 뭐야

특급 호텔이면
주차도 특급으로 편리하게 해 주어야지

티꺼우면
안 오면 될 일 웬 잔말 올 놈 쌔고 쌨다

2023. 5. 21

처음 그려 본 초상화

초상화
화가가 아닌 나

끈끈한
인연 뿌리치지 못해

난생
처음 그려 본 초상화

도중에
중도 하차를 몇 번 고민

한 장
그림에 행적 인품 철학 사상

다 담겨야 하는
어려움 해 보지 않고는 몰라

어렵게 어렵게
몇 달 끙끙거려서 흉내는 냈지

아 그런데
어느 자식은 고생했다 하는데

다짜고짜로 옷자락에 그린
방석에 자기네 것 하나 빠졌다는 자식도

초상화 그리지 말고
큰 옷자락에 방석만 열심히 그릴 걸 그랬나

2023. 5. 23

위기의식은 좋은 거

난
오른손잡이

등산객
왼쪽으로 보내지

침대맡
늘 쇠망치 하나 비치

응접세트
서랍 속 손도끼 한 자루

어느 누가
갑자기 칼로 덤벼들 때

빈손으로
그냥 당할 순 없는 노릇

음식점
문을 향해 앉아 뒤통수 보호

당할 때
당하더라도 끽소리라도 질러야

누가
정유정인지 고유정인지 알 길 없어

                                        2023. 6. 2

안개 속으로 사라진 친구여

이태조
DNA 똑 타고나

외종형
너무 닮은 효령대군 자손

만난 지
어언 25년 된 사회 친구

고상한
인품에 말과 뜻이 통하는

매달
그대가 연락을 해 와 만나

한 번은 내가
한 번은 친구가 사는 점심

이번엔
4개월이나 연락이 없어 미국 딸

아니면
어디가 편찮은가 해서 보낸 메시지

답이 없어
핸드폰과 집 전화 걸었으나 모두 없는 번호라네

아쉬워라
부인이나 두 딸 연락처 알아 놓을 걸 이를 어쩐담

2023. 7. 20

떠날 때는 손 한 번

언제
떠날 줄 아는 도인

오늘
나 떠나련다 하겠지만

중생이야
자기 떠날 시간 몰라

떠날 때
손 한 번 흔들 수 없지만

가족 친지
있다면 황급히 떠난 이 대신

신문 부고란이나
핸드폰 메시지나 전화로 알려야

아무리
일대일로 맺어 온 인연이라 해도

몇십 년
끈끈히 이어 온 인연 딱 자른대서야

유족은
마땅히 저장된 전화 찾아 알려야 하리

                              2023. 7. 21

나사 풀릴 대로 풀린 인류

동물의 왕국
어린 영양 애처로워

90% 경계
10% 풀 뜯어 먹는 모습

우리 인간
먹이사슬 꼭대기 오래 안주

0% 경계
100% 먹고 노는 데 팔리니

여기저기
수많은 사건 사고 속수무책

참새도 죽을 땐
짹소리 지르고 죽어 가는데

나사 풀릴 대로 풀린
인류 너무너무 허무하게 당해

아무리
강한 놈의 공격을 당한다 해도

무방비 상태로
당한대서야 무장하고 경계하라

2023. 7. 27

한 방울의 기름 한 권의 시집

팍팍한
인간 세상일지라도

기름
한 방울 치면 매끄러워

몇 년
동안 눈길 한번 없다가도

웃으며
반갑게 인사하는 사이로

하기야
기름도 기름 나름이겠지만

고추기름
싫어하는 몇몇 사람 빼고는

참기름 들기름 콩기름
포도씨유 해바라기씨유 올리브유

해마다
새로 재배한 씨앗의 기름 짜 나누면

너도나도
웃으며 입이 열리고 눈매가 부드러워진다

                                            2023. 8. 2

설마 설마 했는데 박영수

집이
없냐 밥이 없냐

무슨
탐욕 그리도 많아

대통령
감옥에 넣은 네가

좀도둑
되어 영창에 들어가다니

네 이름
석 자 어사 朴文秀 닮아

은근히
괜찮은 인물 기대했는데

이런
망나니일 줄이야 꿈엔들

박문수
유명한 뼈대 있는 가문 자손

너의 가문
얼마나 형편없길래 못난이 짓을

2023. 8. 6

준수한 청년의 인사

산책길
준수한 20대 청년

인사
한두 번도 아니고

아무리
기억의 창고 뒤져도

안 나와
하는 수 없이 기회 포착

"날 아시나?"
물으니 "몰라요" 해 일단 안심

어르신이라
인사하는 게 도리라 생각해서요

다음에
다시 만나면 명함이라도 줄 요량

세상이
아무리 험해져 간다 해도 이런 청년

있는 한
말세 타령은 하지 말아야지 하는 느낌

2023. 8. 13

삼 모녀 수다방 간 아내

열심히 산
죄밖에 없는 아내

의사
잘못 만나 신장 위기

돌팔이라면
말도 안 해 서울의대

송영욱 교수
류마티스 권위자란 자

오진
35년간 강력 진통제

평생 먹어도
된다며 신장 망가트려

신장기능 30
유지하느라 외식 못해

여행은 사치지만
집에만 있자니 답답해

삼 모녀
2박 3일로 부산 수다방엘

2023. 8. 21

점심 한 끼도 인연이라

하도
맛나 입맛 다시며

제육볶음
먹으러 전주집 도착하니

개인 사정
오늘 휴업이라 미안이란다

조계사 건너편
오얏카츠 냉모밀 그림에 팔려

30분이나
기다려 다가가 보니 그림만 홀로라

오얏카츠 먹고
배탈 난 일 있어 발길 돌릴 수밖에

아지오 이태리
레스토랑엘 들르니 또 30분 기다리라니

인사동
예전에 다니던 최대감 집엘 가니 혼밥 NO라

검정 콩국수
올해 처음으로 화원식당에서 맛있게 먹은 인연

           2023. 9. 11

떠나간 계모 설움 친구

아버지
의사라 금수저로 태어나

단 하나
어려서 엄마 돌아가셔 계모라

아무리
계모라도 자기 자식보다 공부

잘하는 것 싫어
시험 때만 되면 공부 방해 심부름

얼마나 마음
아팠으면 여든이 넘도록 되뇌다니

바라보노라면
불안 초조에 일에 자신감이 없는 듯

차라리 아버지
먼저 돌아가시고 홀어머니 손이면

흙수저라
가정교사로 고학해도 훨씬 행복했으리라

부디 맺힌 설움
훌훌 털어 버리고 왕생극락하시길 기원 또 기원

2023. 9. 12

책의 인연 교동초 보안관

교동초
우리나라 최초의 소학교

훤히 내려 보이는
종로오피스텔 사무실 출근

매일같이
교동초 정문 지나다녔지만

보안관 두 분
서로 소 닭 보듯 지나다가

우연히 인사
시집 저서 몇 권 건넸더니

어찌나
밝게 큰 소리로 인사하는지

민망할 정도지만
기분만은 더할 나위 없이 짱

대통령도 배출한
유서 깊은 학교 보안관답게

책의 가치
알아준다는 게 고맙고 고마울뿐

                                 2023. 9. 14

어느 연인들 이야기

오순도순
잘 지내던 연인

한쪽
한 송이 꽃에 목숨 건

다른 쪽
한 줌 명예에 목숨 건

서로서로
너무 늦게 알아차렸다네

한쪽
한 송이 꽃 잃었다는 걸

다른 쪽
한 줌 명예 잃었다는 걸

2023. 3. 27

제5부

人體는 아직 神의 영역

道

갚아도 갚아도 남는 빚

난
진 빚 다 갚았노라

누구도
큰 소리 칠 순 없어

다만
야반도주하진 않았을 뿐

청구서
받고 입 싹 씻진 않았을 뿐

살펴보면
아직 갚지 못한 빚 많고 많아

윤회 거듭
하다 보면 언젠가는 갚아야 할 빚

여유 있을 때
빨리빨리 챙겨야 후회하지 않으리

무거운
보따리 지고 헉헉대는 저승길 싫거들랑

늙은이
이보다 더 급한 일 더 중요한 일 없으리

2023. 3. 1

떠난 뒤 남는 그림

아버진
26세에 떠나셨고

어머닌
55세에 떠나셨으나

아름다운
그림 한 장은 남기셨으니

다름 아닌
추억해 주고 웃어 주는 자식이다

생각날 때마다
사모곡 사부곡 써 주는 아들

꼬박꼬박
제사 차례 잘 모시고 성묘도 벌초도

더듬고 더듬은
살아 행적 꼼꼼히 챙겨 돌에 새겨 세워

요즘 사람들
몰라도 너무 몰라 오만해도 너무 오만해

어떤 생물도
자손 번식에 목숨까지 거는데 홀로 아리랑 부르다니

            2023. 5. 8

임금 인하 투쟁하는 몸 노총

무조건
오래 살고 볼 일이야

뭐
임금 인하 투쟁이라니

혹시
하늘나라 얘기 아니야

젊어선
밥 달라 고기 달라 하더니만

나이 먹으니
몸 노총이 임금 인하 투쟁을 하네

일은 점점 적게
하는데 왜 임금은 낮추지 않느냐고

많이 받아도
다 쓸 수 없어 창고에 저축하느라 피곤해

우리 줄 임금
절약해 굶주리는 사람 도우라 도우라 하네

2023. 6. 12

고등어구이 밥상

밥상
오른 고등어 한 마리

전생
무슨 인연 있었기에

내
피와 살이 되려 하나

그대
시궁창에 버려지지 않도록

정성 다해
뼈 한 조각 껍질 한 점까지

알뜰히
싹싹 씻어 먹노니 안심하렴

그대와 나
머지않아 한 몸 되어 힘내자

그나저나
점점 내 먹는 양이 줄어들어

머지않아
너를 남기게 될까 두려워진다

2023. 6. 13

하루 잘살면 하루 더 산다

당신이
언제 죽을지는

당신도 의사도
예수도 부처도 모른다

한 가지
분명한 건 오늘 잘살면

당신의
수명이 하루 연장된다는 사실

반대로
하루 잘못 살면 하루 단축되리

결국
당신 수명은 당신 손에 달렸음이니

오래오래 살고
싶거들랑 하루하루를 잘살면 되네

잘 산다는 게
별건가 죽으면 못할 걱정일랑 내려놓고

몸 편히 마음 편히
즐거운 마음으로 잘 먹고 잘 자고 잘 싸면 된다네

2023. 6. 15

마이my 헝그리hungry

경보競步
선수급이었던 나

아무도
따라잡지 못할 만큼

어쩌다
누구도 나보다는 빨라

그뿐이랴
스텝이 조금만 꼬이면

중심 잡지
못해 비틀비틀 넘어져

매일
동전 파스 열 개씩 붙이고

걷는다
걸을 수 없게 될까 저어하며

혹자
저 다리로 작작 걷지 하겠지만

어찌 알리
굶어 죽지 않으려 날마다 걷는 심정

                                        2023. 6. 16

불능不能이 차고 넘친다 해도

그
좋아하던 등산도

그
좋아하던 여행도

그
좋아하던 음주도

이제는
불능 불능이지만

아직
눈 밝아 잘 보고

아직
귀 밝아 잘 듣고

아직
맛 알아 잘 먹고

아직
정신 맑아 잘 쓰고

아직
오장육부 튼튼해 건강하다네

                                            2023. 6. 18

하루 한 끼 먹더라도 포식은 NO

어쩌다
몸이 여기까지

100% 포식
이라면 말도 안 해

큰 것 못 본
날이라면 말도 안 해

반주라도
곁들였다면 말도 안 해

2시간
산책 안 했다면 말도 안 해

아침
사과 반쪽에 커피 한 잔만

저녁엔
수박 참외밖에 안 먹었는데

오얏카츠 점심
90% 정도 배불리 먹었기로서니

오늘 아침
계체량 불합격이라니 말도 안 돼

젊어 1년 치 양식
10년도 너끈히 먹는 날도 오려나

2023. 6. 25

살맛 나는 재미난 인생

유년 시대
존재 자체가
귀여운 하얀 토끼 시절 지나

소년 시대
잘 훈련받는
바둑이 삽살개 시절 보내고

청년 시대
닥치는 대로
먹어버리는 멧돼지 시절 잘 보내면

장년 시대
권좌에 앉아
천하 호령하는 호랑이 시절이 오고

노년 시대
권좌에서 내려와
산야에 묻혀 일하는 황소 시절 지나면

고령 시대
산속에 들어가
초목만 먹는 사슴 되어 녹용 잘라 나누는 인생

                                            2023. 7. 2

이러다 신선이 되려나

갑자기
먹는 양이 줄어들다 보니

이러다
이슬만 먹고 사는 신선이 되려나

신선이
별건가 도를 이루다 보면 이르는

누구나
신선이 될 수 있으나 수행 부족이라

좀처럼
이룰 수 없는 경지일 뿐 별세계는 아니리

오곡 육류
입에 대지 않으니 애써 농사 지을 필요 없지

거문고에
바둑이나 두며 유유히 깊은 산속에 거처하니

집값 오를 걱정
죽지 않으니 장례 치를 걱정 묘지 걱정 없으리

신선이 늘어나면
가장 걱정해야 할 부류는 쓰레기 정치인뿐이리라

2023. 7. 4

인생이란 벽돌탑 쌓기

누구나
태어나자마자

벽돌탑
쌓기를 시작한다

어떤 이
흙벽돌로 건성건성

어떤 이
도자기 벽돌로 차근차근

어떤 이
둥글넓적하게 쉽게 쉽게

어떤 이
높이 높이 하늘을 찌를 듯

어떤 건
태풍만 불어도 무너지지만

어떤 건
지진이 와도 끄떡도 하지 않아

튼튼한 멋진 탑
원한다면 욕심보다 정성이 먼저

2023. 7. 10

걸작의 인생 벽돌탑 쌓으려면

물로 빚은
벽돌 아무리 구워도

땀으로 빚은
벽돌 따라가지 못해

땀으로 빚은
벽돌 아무리 단단해도

눈물로 빚은
벽돌 따라가지 못하고

눈물로 빚은
벽돌 아무리 훌륭해도

피로 빚은
벽돌 도저히 따르지 못해

걸작품 쌓으려면
기초가 튼튼할수록 좋아

초년에
피눈물에 땀 슬퍼 마시라

걸작의 인생 탑
쌓아 올릴 징조이니 분발할지언정

2023. 7. 11

늙어 가며 갚아 가는 즐거움

늙어 가며
할 일 쌔고 쌨지만

진 빚
갚는 것 가장 급해

큰 빚
안 갚았다간 내세에

일 소로
태어나면 어찌하려고

이 세상 태어나
진 빚 어찌 다 갚으랴만

갚겠다 마음먹는 것
만으로도 반은 갚은 것

서두르지 말고
차근차근 하나하나 갚으면 될 일

하루 더 살면
빚 하나 더 갚을 수 있으니 즐거워

갚고 갚으세
오래오래 살며 나라 빚 사회 빚 가족 빚

         2023. 7. 18

도솔천에서 사바세계 바라보듯

폭염 경보
일요일 오전 산책길

조계사 건너편
템플스테이 건물 그늘

하도 시원해
여기가 깊은 산사인가

아니면
여기가 도솔천 내원궁

대한불교 조계종
본사 사찰인 조계사로

꾸역꾸역
중생들 밀려 들어가는데

더위 가리느라
양산이며 모자며 써 보지만

구슬땀
온몸 적시지만 여긴 아주 시원해

도솔천과
사바세계가 이리도 가까울 줄이야

2023. 7. 30

생전 처음 해 본 설거지

이
나이가 되도록

설거지
한 번 안 해 본 나

여인네 복
많고 많아 어머니 아내

절대로
부엌 얼씬도 못 하게 해

요즘
폭염이라 아침 일찍 산책

포장해 온
기름기 천지인 제육볶음

먹고 난
설거지 트리오 묻혀 싹싹

기름때
이리도 잘 닦일 줄이야

마음의 때
닦는 트리오는 누가 안 만드나

                                        2023. 8. 1

애완동물 기르고 싶거들랑

비싼 병원비
비싼 먹이 먹이면서

살아 계신
부모님은 잘 모시는지

돌아가신
조상님 굶기지 않는지

인간보다
수명이 짧은 애완동물

늙고 병들면
버리지 않을 자신 있는지

굶주리는 인류에
대한 기부는 잘하고 있는지

도움이 필요한
일가친척 잘 보살피며 사는지

무엇 하나
걸림이 없다면 길러도 좋겠지만

남이 시장 간다고
거름 지고 장에 가는 꼴은 말아야지

                                                  2023. 8. 7

아침 예불 소리 출근길

이 세상
어떤 음악이 따라오리

예불 소리
종 북 징 꽹과리의 화음

은퇴 후
아침저녁 출퇴근 때 듣던

모처럼
홀로 아리랑이라 오늘 아침

오전 5시
시작하는 예불 소리와 함께

아무리
클래식 팝송 트로트가 좋다 해도

연거푸
듣다 보면 싫증 나기 십상이지만

예불 소리
듣고 또 들어도 황홀한 기분이라

이참에
아침 출근 한 시간 당겨 보고 싶어

2023. 8. 23

빈자리 복

돌 때
돌아가신 아버지 빈자리

엄마가
채워 주어 아쉬움도 몰라

결혼 직후
돌아가신 어머니 빈자리

아내가
채워 주어 슬픔만이 가득

어느 날 내 빈자리
잠시 잠깐 남은 이의 허전함

난 빈자리 복
아주아주 많이 타고난 느낌

슬하의
腦動脈瘤 환자 수술하는 날

온 신경
곤두섰지 만일 빈자리면 큰일

애석 차원 넘어
딸린 이의 생명 생존의 문제까지

대안 없는 빈자리
어서 대책을 세우는 게 복 짓는 일

2023. 8. 31

이생은 내생의 거울

이생이
만족스럽지 않다 해서

현생은
대충대충 살아 마치고

내생이나
잘 살기를 바란다면 헉!

오늘
열심히 공부 안 하고 놀다

내일
만점 받아 보겠다는 학생이지

이생이
만족지 못한 것은 전생 업보

좋으나 싫으나
하루하루를 열심히 살아야만

다음 생이
현생보다 잘 살 수 있는 이치

좋은 모습
심혈 다해 그려 멋진 생 맞아야

2023. 9. 2

세면대장 속 쭈구렁탱이

사람으로 치면
120살쯤 되어 보이는

세면대장
속에 있는 쭈구렁탱이

오늘도
젖 먹던 힘까지 다해

살아남으려
치약 한 방울 짜낸다

젊어서야
늘씬한 몸매 당당했지

살짝 건드려도
줄줄줄 잘도 짜내더니만

이제는
한 손 엄지만으론 안 돼

두 손 엄지
있는 힘을 다해야 아주 쪼금

애처로워
버리지만 말아 달라 애원하니

                              2023. 9. 20

人體는 아직 神의 영역

좀 안다고
쉽게쉽게 떠든다

무얼
먹어야 한다든지

무얼
먹으면 안 된다든지

성능 회복
절대로 안 된다든지

몇 달이면
반드시 죽을 거라든지

인체는 사람마다
토끼부터 호랑이까지만큼 달라

한마디로
잘라 결론을 내는 건 맞기 어려워

의학의 단계
코끼리 코만 만지고 왈가왈부하는 격

신의 영역 인체
언제 인간의 영역으로 넘어올지 몰라

2023. 9. 24

텅 빈손 가을맞이

눈엔
끝 간 데 없이 푸른 하늘

몸엔
오장육부까지 시원한 바람

땅 농부
손에 들어온 곡식 즐기지만

마음 농부
애쓴 보람 찾을 길 없어라

언제
수확 바라고 마음 농사지었나

그나저나
하루도 쉬지 않고 수고한 몸

달래 주어야
내년 가을에 또 심호흡하려면

큰마음 먹고
종로타워 스테이크 먹여 주었지

                                      2023. 9. 25

가차 없는 채찍

천리마가
전속으로 달린다

삐딱하면
곤두박질칠 아슬아슬

조금만
방심하면 가차 없는 채찍

정신 번쩍
새로운 다짐으로 달려간다

천리마는
장수의 채찍을 고마워하며

가장
겁내는 건 내다 버리는 거야

어디
천리마뿐이랴 끈질긴 수명선수

100세 넘기며
살아가노라면 굽이굽이 맞으리

정신이
번쩍번쩍 나는 가차 없는 채찍

2023. 10. 19

제 6 부

비의 마음 엄마 마음

然

여름에 느끼는 가을의 맛

시간에
얽매이지 않는 자유인

여름의
무더위 자외선 무서우랴

하루의
산책 아침 일찍 댕기면

낙엽 소리
귀뚜라미 소리 없다 해도

시원한 바람
가을인지 여름인지 헷갈려

무더운
대낮에는 에어컨 찬바람 속

출퇴근
자가용 운전하며 지내다 보면

올여름
더위도 자유인의 땀 맛보지 못하리

                              2023. 6. 4

부처님 오신 날 풍경

부슬부슬
부드러운 비가 내린다

마라탕 집
2층에 앉아 내려다보는

넓디넓은
우정국로 둥그런 우산만

움직인다
조계사 일주문 들락날락

팔랑팔랑
가로수 이파리 살랑살랑 춤

간간이
들려오는 목탁 소리 염불 소리

더도 말고 덜도 말고
온 세상이 부처님 오신 날만 같았으면

목마른 중생도
헐벗은 중생도 울부짖는 중생도 없을 텐데

                                      2023. 5. 27

비의 마음 엄마 마음

종일
일하시고 남는 일

밤잠 줄여
일하시는 엄마처럼

엊저녁
우르르 쾅쾅 쏴 쏴

청소 소리
온 세상 떠들썩하더니

가로수
아스팔트길 고층건물 하늘까지

너무너무
깨끗해 백두산도 한눈에 들어올 듯

밤새도록
청소하느라 애쓴 비는 자취를 감춰

자식들
좋아하는 모습으로 만족하는 엄마처럼

멀리서 숨어
생색 한 번 내는 일 없으니 엄마 마음 똑 닮아

2023. 6. 9

아유 시원해 맞바람

이런
뼛속까지 시원한 맞바람

천상엔들
있을까 극락엔들 있을까

10여 년 전
저승에 갔다면 맛 못 볼

새벽 4시
사방 창문 열어젖히니 쏴

삼각산 턱밑에
있는 서재 솔밭 접한 거실

밤새 만든 싱싱한
산소 보따리를 풀어놓으니

잠시 잠깐에
집안 온도 27℃에서 25℃라

어느 누가
설계했나 집 한번 잘 지었구나

다시는 만날 수 없으리
이런 계절 이런 시각 이런 환경

2023. 7. 5

하늘 그늘 드리운 날

하늘 그늘
드리우니 만인이 여유롭다

어느 시각
어느 길 그늘 신경 안 써도

양산 우산
선글라스 선크림 자유로워

길거리 흩어진
백인도 흑인도 행복한 얼굴

어디 사람뿐이리
산천초목도 긴장을 풀고 쉰다

저 멀리 보이는
북악산도 꾸벅꾸벅 조는 모습

아무리
나무 그늘 빌딩 그늘 두터워도

편 가르지 않고
두루두루 편안한 하늘 그늘에야

2023. 7. 8

비 오는 날의 여유로움

어제
같은 폭염暴炎엔

점심
먹으러 가기 힘들어

자투리
그늘 찾아 겨우겨우

점심시간
열 시라면 좋으련만

오늘처럼
비가 주룩주룩 날엔

힘겹게
자투리 그늘 찾을 필요 없어

12시고 1시고
나가고 싶은 시간에 나가면 돼

수억 년 전
만물의 조상 물속 아니랄까 봐

비만 오면
동물이든 식물이든 활기가 돋네

2023. 7. 23

틈새의 짜릿한 맛

태풍
카눈 북상 중

에라
모르겠다 부딪치자

우산
지팡이 들고 산책길

비는
주룩주룩 아주 시원

나온 김에
종로5가 약국으로 발길

전화 주문
송금 배송은 법에 걸린다 해

어려운
숙제 태풍이 풀어 주니 고마워

어디나
있는 틈새 현장 박치기면 보여

방 안 족
어찌 이 짜릿한 맛볼 수 있으리

                                                  2023. 8. 10

지구촌 암행어사 태풍

어느 날
갑자기 암행어사 출두

억눌렸던
民草들 눈이 번쩍번쩍

가슴에
억눌렸던 답답함 확 풀리고

무성한
소문의 회오리바람 시원시원

이런 일
인간 세상에만 있는 게 아니지

지구촌에도
왕왕 역줄 휘몰고 나타나는 태풍

샅샅이
뒤지고 뒤엎으며 찾아낸다 잘잘못

나타났다 하면
산천초목은 물론 목숨 있는 모두가

사시나무 떨듯
벌벌벌 떨 때면 태풍은 벌써 저 멀리

                                            2023. 8. 12

울다 웃는 칠석다운 날

이런 날
생전 처음 본다

얼마나
견우직녀 만남 격하면

눈물이
주르르 흐르는가 하면

웃음이
해발쪽거려 햇빛 쨍쨍

울다 웃는
변덕스레 칠석다운 날

큰 우산
가지고 나왔기 망정이지

펼쳐 든 채
걷자니 우산도 되고 양산도 돼

시원한
바람만 쌩쌩 불 때면 접어 드니

호신용
방패도 되고 공격 무기로도 훌륭해

                              2023. 8. 22

처서에 무릎 꿇은 폭염

폭염
기세 하도 당당해

좀처럼
꺾이지 않을 듯하더니

천적
처서 만나 무릎 꿇네

이래
계절이란 살맛 나는 거야

지나가는 이
여유롭고 밝은 표정 흐뭇해

구태여
아침 새벽 산책 안 해도 되고

등허리
흠뻑 밴 땀 냄새 풀풀 안 맡아도

선들선들
부는 바람에 낙엽이 한 잎 두 잎

눈발이
펄펄 날리는 날도 머지않으리라

2023. 8. 27

추적추적 비 내리는 날

가을비
추적추적 내리자

무더위
언제 그랬냐는 듯

올린 소매
내리고 싶은 충동

삼복에 떠난
친구 문득 생각나

한 번 가면
다시 오지 못할 길

누가
반긴다고 그리 급히

지금 아니고
선선해지면 가리다

호통 치며
친구도 만나야 한다고

버티고 버텨야지
순순히 소식도 없이 가다니

2023. 8. 28

더없이 좋은 산책 날씨

양산도
우산도 필요 없네

선크림도
선글라스도 필요 없네

반소매도
긴소매도 잘 어울리네

아침에도
점심때도 오후도 좋네

살랑살랑
동남풍 속까지 시원하네

남녀노소
흑인 백인 경쾌한 발걸음

늘어선
가로수 산들산들 춤추네

극락 천당
따로 있나 바로 여기로구나

2023. 9. 16

中里 한두현(韓斗鉉) 시인

■ 약력

- 1938년 서울 상왕십리 출생.
  부친 별세로 고향인 강원 원주 부론 노숲 성장(돌 때부터)
- 초등학교 6학년 때 6.25발발 2년간 농업에 종사하느라 진학이 늦어짐
- 중학 3학년 때 학생회장으로 정의심 발동으로 전교생을 7일간 동맹휴학으로 이끌어 목적을 달성하였으나, 장기정학처분 및 수석졸업에 品行可를 받음
- 국립교통고등학교(국비) 졸업. 서울대학교 공과대학 졸업
- 35년간 섬유업계 종사, 상장회사 대표이사 사장 역임 후 자진 은퇴, 제3인생 시작
- 국가발전기여공로 석탑산업훈장 수훈
- 기술사, 발명가, 글지이, 조각가
- 문예사조 시 신인상 당선 문단 데뷔
- 문예사조문인협회 회원, 서울시낭송클럽 상임위원
- 한국문인협회 회원, 국제펜 한국본부 회원

■ 수상 (詩부문)

- 문예사조문학상 본상 수상
- 한국자유시인상 대상 수상
- 未堂徐廷柱시회상 수상
- 한국문학비평가협회 문학상 수상

■ 시집

- 인연(제1시집)
- 서원의 길(제3시집)
- 몽당연필(제5시집)
- 태풍아(제7시집)
- 몰록(제9시집)
- 한두현 詩전집 1·2
- 촛불의 푸념(02시집)
- 프로부모(04시집)
- 틈새의 美(06시집)
- 쪼꼬만 행복 100(08시집)
- 뿌리의 향기(010시집)

- 인왕산(제2시집)
- 마중물(제4시집)
- 징검다리(제6시집)
- 어느 여의사(제8시집)
- 호모사피엔스(제10시집)
- 말문이 열린 江(01시집)
- 항해하는 지성인(03시집)
- 비우는 즐거움(05시집)
- 설레임(07시집)
- 쇠똥구리 人生(09시집)

■ 저서

- 자식을 부모의 팬으로 만들어라
  〈자녀교육해법 124장〉 나남출판
- 자식에게 무엇을 가르쳐 세상에 내보낼 것인가
  〈뿌리교육해법 124장〉 나남출판
- 자식을 우리의 옛 이야기로 길러라 1, 2
  〈이야기 인성교육 620마당〉 나남출판
- 자식교육 이제는 프로부모의 시대다
  〈전문부모의 길 74장〉 나남출판

한두현 제21시집

열린 대문 닫힌 대문

초판 인쇄 2025년 2월 7일
초판 발행 2025년 2월 12일

지은이 | 한두현
펴낸이 | 김효열
편 집 | 이미정

펴낸곳 | **을지출판공사**

등록번호 | 1985년 2월 14일 제2-741호
주   소 | 서울시 마포구 양화진길 41, 603호
우편번호 | 04083
대표전화 | 02) 334-4050
팩시밀리 | 02) 334-4010
전자우편 | ejp4050@daum.net

값 18,000원

ISBN 978-89-7566-244-7   03810

* 지은이와 협의하여 인지는 생략합니다.
* 잘못 만들어진 책은 구입한 서점에서 교환해 드립니다.